31 Mai 1900

VENTE

PAR SUITE DE SÉPARATION

HOTEL DROUOT, SALLE N° 1

Les Jeudi 31 Mai et Vendredi 1er Juin 1900

A DEUX HEURES

BEAU

MOBILIER ANCIEN

Renaissance, Louis XV et Louis XVI

OBJETS D'ART

TABLEAUX

Tapisseries d'Aubusson et de Bruxelles

Appartenant à M. et Mme Antonin MERCIÉ

M. Henri BERNIER
COMMISSAIRE-PRISEUR
11, rue Saint-Lazare

M. A. BLOCHE
EXPERT PRÈS LA COUR D'APPEL
28, rue de Châteaudun

EXPOSITION PUBLIQUE

Le Mercredi 30 Mai 1900

de 2 heures à 6 heures

PARIS — 1900

IMPRIMERIE MAULDE ET RENOU

MAULDE, DOUMENC & Cie

IMPRIMEURS DE LA COMPAGNIE DES COMMISSAIRES-PRISEURS

Rue de Rivoli, 144

CATALOGUE

DE

BEAU MOBILIER ANCIEN

Renaissance, Louis XV et Louis XVI

MEUBLES DE STYLE

OBJETS D'ART ET DE CURIOSITÉ

Sculptures, Bronzes, Porcelaines, Biscuits, Cuivres

ARGENTERIE

TABLEAUX

PARMI LESQUELS DES ŒUVRES DE

Jules Breton, Cormon, Antonin Mercié, Michel. Panini, Pillement, Pelouse, etc.

DESSINS — GRAVURES

TAPISSERIES DES XVE ET XVIIIE SIÈCLES

De Bruxelles et d'Aubusson

Tapis — Rideaux — Tentures — Objets divers

Appartenant à M. et Mme Antonin MERCIÉ

DONT LA VENTE AURA LIEU PAR SUITE DE SÉPARATION

HOTEL DROUOT — SALLE N° 1

Les Jeudi 31 Mai et Vendredi 1er Juin 1900, à 2 heures

Me HENRI BERNIER	M. ARTHUR BLOCHE
COMMISSAIRE-PRISEUR	EXPERT PRÈS LA COUR D'APPEL
11, Rue Saint-Lazare	28, Rue de Châteaudun.

Chez lesquels se trouve le présent Catalogue

EXPOSITION PUBLIQUE

Le Mercredi 30 Mai 1900, de 2 heures à 6 heures

PARIS — 1900

CONDITIONS DE LA VENTE

Elle sera faite au comptant.

Les Acquéreurs paieront CINQ POUR CENT en sus des adjudications.

Aucune réclamation ne sera admise une fois l'adjudication prononcée.

MAULDE, DOUMENC et Cie, imp. de la Compagnie des Commissaires-Priseurs, rue de Rivoli, 144. 1000—88926

DÉSIGNATION

TABLEAUX, DESSINS, GRAVURES

ALBANE

1 — Diane et les Nymphes surprises par Actéon.

Cadre Louis XVI.

ANDRIEUX

2 — Les Naufragés.

BLANC (Joseph)

3 — L'Odalisque couchée.

4 — Saint Michel.

BRETON (Jules)

5 — Esquisse de *La Moissonneuse*.

L'original est au Luxembourg.

BREUGHEL

6 — Paysage montagneux et boisé, arrosé par un cours d'eau, animé de nombreuses figures.

7 — Station de la croix.

Composition d'une multitude de personnages.

CORMON

8 — Le Marchand au Sérail.

Esquisse.

COROT (D'après)

9 — Paysage avec figures et animaux.

DEBUCOURT (D'après)

10 — Le Menuet de la Mariée.

11 — La Noce au Château,

Deux gravures modernes.

DROGSLOOT

12 — Intérieur de Ferme.

EISEN (D'après)

13 — Le Toucher.

14 — L'Odorat.

Deux gravures en couleur.

FOUACE (G.)

15 — Tasse et Crevettes.

GÉROME

16 — Femme nue à sa toilette, sur une terrasse.

Au lointain, par un effet de soleil couchant, on découvre toute une ville à vol d'oiseau.

Beau tableau.

HÉBERT (Émile)

17 — La petite Italienne.

Représentée assise dans un paysage.

Joli petit tableau.

HEIDA

18 — Nature morte.

HUET (Paul)

19 — Lisière de forêt, avec figures.

JOUBERT (G.)

20 — Embouchure de rivière à marée basse.

LACROIX

21 — Marine.

LAVREINCE (D'après)

22 — Qu'en dit l'Abbé?

23 — Le Billet doux.

Deux gravures.

LESREL

24 — Gobelet d'orfèvrerie et Bouquet de roses.

MACHARD

25 — Célénée.

Jolie esquisse.

MERCIÉ (Antonin)

26 — La Veuve.

27 — Jeune Femme en contemplation devant des pièces d'or.

MICHEL

28 — Paysage.

MICHEL

29 — Coq et Poules près d'un puits.

MOREAU

30 — Serment de Louis XVI à son sacre.

Gravure.

PANINI

31 — Personnages assis et causant au milieu de ruines dans un paysage montagneux.

PELOUSE

32 — Ferme au bord d'une rivière.

PILLEMENT

33-34 — Paysages avec ruines animés de figures.

Deux pendants.

TAUNAY (D'après)

35 — Le Tambourin.

36 — La Rixe.

37 — La Noce de village.

38 — La Foire du village.

Quatre belles gravures en couleur.

ÉCOLE ITALIENNE

39 — Apôtres inspirés par le saint Esprit.

Peinture sur verre.

ÉCOLE FLAMANDE

40 — Marine.

ÉCOLE FRANÇAISE

41 — Le Bal de May, donné à Versailles pendant le Carnaval de 1763.

Gravure.

ÉCOLE FRANÇAISE

42 — Portrait de gentilhomme de l'époque de Louis XIV.

Cadre ovale sculpté et doré.

ÉCOLE FRANÇAISE

43 — Le premier Age de l'Amour.

Gravure en couleur.

ÉCOLE FRANÇAISE

44 — Scène champêtre.

Pièce gouachée.

ÉCOLE FRANCAISE

45 — Marine.

ECOLE FRANÇAISE

(XVIIIe siècle)

46 — Portrait de jeune Homme.

OBJETS D'ART

47 — Deux Torchères formées de vases en porcelaine de Sèvres, décor flambé, montures en bronze doré style chinois, à neuf lumières.

48 — Deux Gaines en marbre rouge.

49 — Statuette en bronze : *Le Chanteur Florentin*, de P. Dubois.

50-51 — Cartel et Baromètre en bronze doré Louis XVI, modèle enguirlandé de lauriers.

52 — Lustre à six lumières, en fer peint en vert.

53 — Buste de Jean-Jacques Rousseau en plâtre peint ton terre cuite.

54 — Lustre Ier Empire à douze lumières, en bronze et cristaux.

55 — Fontaine en fer forgé Louis XIII, à fleurs et grands feuillages.

56-57 — Quatre Candélabres à cinq lumières argentés, style Louis XV.

58 — Trois Plateaux de surtout, à fond de glaces, avec galerie.

59 — Deux Bouts-de-Table à deux lumières, en cuivre poli, style Louis XV.

60 — Statuette en bronze : *Le Penseur*, de Michel-Ange. Edition Thiébaut.

61 — Deux Groupes en biscuit représentant l'Amour et Psyché, Flore et l'Amour.

61 — Plaque en ivoire gravé, allégorie de l'Espérance.

62 — Deux Landiers et traverse en fer forgé, style XVIe siècle.

63 — Paire de petites Appliques à deux lumières, en bronze. Louis XV.

64 — Divinité ancienne de Chine, en bois sculpté et doré, représentée assise.

65 — Figurine en bronze ancien : La Vierge.

66-75 — Collection d'antiquités égyptiennes : Divinités, figurines, scarabées, etc. (*Sera divisé.*)

76-85 — Tasses de Saxe, bol de Satzuma, diverses pièces de collection. (*Sera divisé.*)

86 — Figurine indienne, Femme assise, en bois sculpté et peint.

87 — Plateau en bois du Tonkin, incrusté de nacre.

88 — Statuette de Femme chinoise, en bronze de l'Extrême-Orient.

89 — Statuette en terre cuite : *La Baigneuse*, de CARPEAUX.

90 — Statuette en bronze : *Le Vainqueur du coq*, de FALGUIÈRE.

91 — Poêle en faïence, vert marbré.

92 — Lanterne persane en cuivre.

93 — Ibis en bronze du Japon.

94 — Statuette en étain du Japon.

95 — Jardinière en bronze du Japon, sur supports bois noir.

96 — Armure japonaise.

97 — Six petits Sujets en ivoire, travail japonais.

98 — Deux Chenêts en bronze doré : enfants sur rocaille Louis XV.

99 — Cerf en bronze, de Barye.

100 — Beau Groupe en bronze vert, de Barye : Le Combat du Centaure.

101 — Groupe en bronze vert, de Barye : Tigre et Crocodile.

102 — Chameau en bronze vert, de Barye.

103-104 — Deux Bustes plâtre : *La Reine Marie-Antoinette* et la *Dubarry*, avec colonnes cannelées.

105 — Bouteille en céladon bleu.

106-110 — Suite de dix pièces : Plats, Bassinoires, etc., en cuivre repoussé ou gravé, Louis XIII.

111 — Lanterne de vestibule, forme Louis XV, en verre craquelé, cage à branchages en bronze.

112 — Lampe juive en cuivre poli.

113 — Vase avec couvercle en porcelaine de Sèvres, décor gros bleu et or.

114-116 — Cinq Statuettes en bois sculpté.

117 — Jardinière en cuivre rouge, à gaudrons, avec trépied en fer forgé, Louis XIII.

118 — Bas-Relief, jeux d'enfants, de PETER.

119 — Deux Vasques en bronze du Japon, sur supports en bois noir.

120 — Divinité chinoise en bois sculpté et doré.

121 — Petite Pendule à colonnettes en marbre et bronze, Louis XVI.

122 — Deux Vases, en porcelaine gros bleu, avec anses à têtes de béliers, monture bronze doré, style Louis XVI.

MOBILIER

123 — Grande et belle Armoire, à deux portes, en bois sculpté, divisée par compartiments ornés de jetées de fleurs, XVIIIe siècle.

124 — Grand Meuble, en bois sculpté, ouvrant à quatre portes et à deux tiroirs à moulures guillochées et à colonnettes torses, XVIIe siècle.

125 — Petite Banquette, en bois sculpté, rehaussée de gris, dessus en velours frappé, Louis XVI.

126 — Grand Canapé du temps de Louis XV, en bois sculpté et doré, recouvert en étoffe rouge à fleurs.

127 — Deux Banquettes en bois des îles sculpté, travail de l'extrême Orient.

128 — Billard accompagné de ses accessoires.

129 — Glace du temps de Louis XVI, cadre en bois sculpté et doré, à fronton corbeille de fleurs et nœud de rubans.

130 — Petite Vitrine en bois sculpté et doré, époque Louis XV.

131 — Table ovale en bois de fer sculpté, dessus en marbre, de Chine.

132 — Quatre Tabourets, forme éventail, en bois de fer, dessus en marbre, de Chine.

133 — Quatre Fauteuils en bois de fer sculpté incrusté de burgau, de Chine, avec coussins en velours rouge.

134 — Deux Chaises en bois de Chine incrusté de burgau, dossiers et sièges couverts en satin rouge orné de broderies.

135 — Guéridon en bois sculpté, travail de Bombay.

136 — Bahut, à deux portes, en bois sculpté, de Bombay.

137 — Paravent, à quatre feuilles, en bois de fer sculpté et satin brodé de Chine.

138 — Tabouret Louis XIV, en bois doré et soierie verte brochée.

139 — Trumeau en bois sculpté, peint en blanc, avec peinture paysage, Louis XV.

140 — Petit Canapé Louis XV, en bois doré, couvert de soierie verte brochée à fleurs en grisaille.

141 — Canapé Louis XV, bois doré, couvert de brocart vert broché à fleurs.

142 — Grand Canapé Louis XV, bois doré à coquille, couvert en soierie verte brochée à fleurs.

143 — Console en bois sculpté et peint en gris, dessus en marbre clair veiné, style Louis XV.

144 — Trois grands Fauteuils Louis XV, en bois doré, couverts de soierie brochée à fleurs.

145 — Deux Fauteuils en bois doré Louis XV, couverts de soierie rayée et brochée.

146 — Trois Tabourets de pieds, en bois sculpté et doré, couverts de soie rayée et brochée, Louis XVI.

147 — Console du temps de Louis XV, en bois sculpté et doré, dessus en marbre.

148 — Douze Chaises en bois sculpté, foncées de canne, style Louis XV.

149 — Table de salle à manger, en bois de noyer, pieds à contours, style Louis XV.

150 — Table à thé, en palissandre.

151-152 — Deux Vitrines en bois rose et palissandre, ornées de bronzes, dessus en marbre, style Louis XVI.

153 — Six Fauteuils Louis XVI, bois peint en blanc, couverts en velours frappé.

154 — Belle Commode en bois rose, ornée de bronzes rocailles, style Louis XV.

155 — Cabinet en certosine, sur support en bois sculpté, XVIIe siècle.

156 — Petite Commode en bois rose et palissandre, ornée de bronzes, Louis XV.

157 — Paravent en bambou, avec feuilles en satin blanc brodé.

158 — Pagode cochinchinoise, rouge et or.

159 — Piano à queue en bois noir de *Pleyel*.

160 — Deux Chaises Louis XV, en bois sculpté, foncées de canne.

161 — Table en chêne, pieds reliés par un croisillon.

162 — Psyché en acajou, ornée de bronzes 1er Empire.

163 — Cabinet étagère japonais, en bois sculpté, laqué et orné d'applications d'ivoire et de nacre, décor à paysages et oiseaux.

164 — Lustre en cuivre à cinq lumières, style flamand.

165 — Coffre en bois sculpté, XVIe siècle.

166 — Deux Chaises bois peint en blanc, couvertes en velours verts, fin XVIIIe siècle.

167 — Glace avec cadre en bois sculpté et doré, XVIIIe siècle.

168 — Estrade cochinchinoise, en bois sculpté rouge et or.

169 — Horloge en bois sculpté, XVIIIe siècle.

170 — Lit de milieu, en bois sculpté et doré à colonnes surmontées de panaches, panneaux garnis de dauphine bleue pâle, rayée et brochée à guirlandes de fleurs.

171 — Décor de lit et deux Décors de fenêtres, en satin bleu pâle avec bordures en dauphine brochée à fleurs, style Louis XVI.

172 — Chaise longue, petit Canapé et Bergère en bois doré Louis XVI, couverts en dauphine bleue pâle rayée et brochée à fleurs.

173 — Deux Chaises, dossiers lyres, bois sculpté, blanc et or, dessus en dauphine, style Louis XVI.

174 — Glace d'entre-deux, cadre en bois sculpté à fronton avec médaillon, jetées de feuillages et rinceaux Louis XVI.

175 — Tabouret Louis XV, bois doré et brocart fond vert.

176 — Commode à trois rangées de tiroirs en marqueterie de bois rose et teinté, garnie de bronzes dorés, dessus en brocatelle d'Espagne, XVIIIe siècle.

177 — Secrétaire en bois rose et palissandre, Louis XVI.

178 — Table de nuit en bois rose Louis XVI.

179 — Table à poudrer en marqueterie de bois Louis XVI.

180 — Commode en bois rose, garnie de bronzes, dessus de marbre blanc, Louis XVI.

181 — Fauteuil bois sculpté et doré, Louis XVI, couvert en dauphine rayée et brochée.

182 — Chiffonnier en palissandre orné de bronzes, style XVIIIe siècle.

183 — Petite commode Louis XV, en bois rose et de palissandre, garnie de bronzes, dessus de marbre

184 — Table de nuit en bois rose et palissandre Louis XVI.

185 — Petite commode à trois rangées de tiroirs en bois rose et palissandre ornée de bronzes Louis XV.

186 — Armoire à deux portes, en chêne.

187 — Banquette ancienne, bretonne, en bois sculpté.

188 — Coffre en bois sculpté, du XVIe siècle.

189 — Meuble flamand, à deux portes d'aspect architectural. Époque Louis XIII.

190 — Canapé Louis XVI, bois sculpté et doré, couvert en dauphine rayée et brochée.

191 — Deux Fauteuils Empire, en bois peint en gris, couverts en velours vert frappé.

192 — Deux Chaises arabes, couvertes en peau.

193 — Tabouret oriental incrusté.

194 — Guéridon en acajou, dessus en marbre blanc. Époque Louis XVI.

195 — Bahut-Crédence en bois sculpté, style gothique

196 — Glace avec cadre en bois noir, guilloché Louis XIII.

197 — Glace avec cadre bois doré, et Glace Louis XIV

ARGENTERIE

198 — Six grands Couverts en argent.

199 — Vingt-quatre Fourchettes en argent.

200 — Dix-huit Couverts à entremets en argent.

201 — Seize Cuillers à café en argent.

202 — Cafetière en argent.

203 — Sucrier en argent.

204 — Service de Couteaux garniture argent.

TAPISSERIES, TENTURES, TAPIS

205 — Jolie Tapisserie d'Aubusson, du XVIIIe siècle, représentant *la Diseuse de bonne aventure*, composition de nombreux personnages et animaux dans un paysage boisé et parc dessiné à la française d'après *Huet*. Bordure encadrement enguirlandé de fleurs.

206 — Jolie Tapisserie d'Aubusson, du XVIIIe siècle, représentant *le Retour de la Pêche*, composition de plusieurs figures et d'animaux dans un riant paysage avec moulin. Bordure à fleurs et rocailles.

207 — Tapisserie gothique représentant *la Fontaine de Jouvence*, au milieu de plantes fleuries et d'animaux avec ville en perspective. Bordure à thyrses de fleurs enrubannés. Pièce de tenture intéressante.

208 — Tapisserie du XVe siècle, représentant des scènes de chasse et de divertissements champêtres, composition de nombreuses figures, gentilshommes, châtelaines, enfants, chasseurs. Bordures à ornements.

209 — Portière en ancienne tapisserie à personnage et oiseaux.

210 — Deux Portières en ancienne tapisserie verdure.

211 — Grande Tapisserie à paysage fleuri avec vue de château animée de volatiles, composition d'après *Oudry*. Bordure simulant un encadrement orné de fleurs, XVIIIe siècle.

212 — Tapisserie représentant un parc, avec bordure à ornements et feuillages, XVIIe siècle,

213 — Tapisserie du XVIe siècle, représentant une foule de paysans poursuivant un taureau. Bordure à fruits.

214 — Deux Tapisseries verdure, avec bordures à fleurs, XVIIIe siècle.

215 — Portière orientale, fond de drap bleu, décor en applications multicolores.

216 — Deux Paires de Rideaux, fond blanc à fleurs.

217 — Deux Tapis de salons, en moquette rouge unie.

218 — Autre couvrant la salle à manger.

219 — Quatre Rideaux en étoffe verte brochée.

220 — Beau Panneau en soie vert d'eau, brochée à fleurs et festons, XVIIIe siècle.

221 — Grand et beau Tapis persan, fond bleu à petits dessins polychromes, couvrant toute la chambre.

222 — Objets omis.

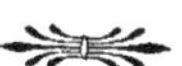

www.ingramcontent.com/pod-product-compliance
Ingram Content Group UK Ltd.
Pitfield, Milton Keynes, MK11 3LW, UK
UKHW021040260726
13994UKWH00005B/2267

9 782329 515397